Houg...

© Houghton Mifflin Harcourt Publishing Company • Cover Image Credits: (Hares) ©Radius Images/Corbis; (Garden, New York) ©Rick Lew/The Image Bank/Getty Images; (sky) ©PhotoDisc/Getty Images

Houghton Mifflin Harcourt

Printed in the U.S.A.

ISBN 978-0-544-67726-5

4 5 6 7 8 9 10   0928   24 23 22 21 20 19 18 17

4500651351   ^ B C D E F G

Estimados estudiantes y familiares:

Bienvenidos a **Go Math! ¡Vivan las matemáticas!** para kindergarten. En este estimulante programa de matemáticas, encontrarán actividades prácticas y problemas de la vida diaria que tendrán que resolver. Y lo mejor de todo es que podrán escribir sus ideas y respuestas directamente en el libro. El hecho de que puedan escribir y dibujar en las páginas, les ayudará a percibir más detalladamente lo que están aprendiendo y las matemáticas serán fáciles de entender.

También deseamos compartir con ustedes algo muy importante: se ha usado papel reciclado en la impresión de este libro. Queremos que sepan que al participar en el programa **Go Math! ¡Vivan las matemáticas!** ustedes estarán ayudando a proteger el medio ambiente.

Atentamente,
Los autores

Hecho en los Estados Unidos de América
Impreso en papel reciclado

Autores

Juli K. Dixon, Ph.D.
Professor, Mathematics Education
University of Central Florida
Orlando, Florida

Edward B. Burger, Ph.D.
President, Southwestern University
Georgetown, Texas

Steven J. Leinwand
Principal Research Analyst
American Institutes for
    Research (AIR)
Washington, D.C.

Colaboradora

Rena Petrello
Professor, Mathematics
Moorpark College
Moorpark, California

Matthew R. Larson, Ph.D.
K-12 Curriculum Specialist for
    Mathematics
Lincoln Public Schools
Lincoln, Nebraska

Martha E. Sandoval-Martinez
Math Instructor
El Camino College
Torrance, California

Consultores de English Language Learners

Elizabeth Jiménez
CEO, GEMAS Consulting
Professional Expert on English
    Learner Education
Bilingual Education and
    Dual Language
Pomona, California

Números y operaciones

 Área de atención Representar, relacionar y hacer operaciones de números enteros, inicialmente con conjuntos de objetos

Área de atención

APRENDE EN LÍNEA

¡Visítanos en Internet! Tus lecciones de matemáticas son interactivas. Usa iTools, Modelos matemáticos animados y el Glosario multimedia, entre otros.

Presentación del Capítulo 2

En este capítulo, vas a explorar y descubrir las respuestas a las siguientes
Preguntas esenciales:

• ¿Cómo formar y comparar conjuntos te ayuda a comparar números?

• ¿Cómo emparejar te ayuda a comparar conjuntos?

• ¿Cómo contar te ayuda a comparar conjuntos?

• ¿Cómo sabes si el número de fichas en un conjunto es el mismo, mayor que o menor que el número de fichas en otro conjunto?

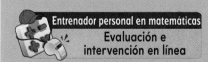
Entrenador personal en matemáticas
Evaluación e intervención en línea

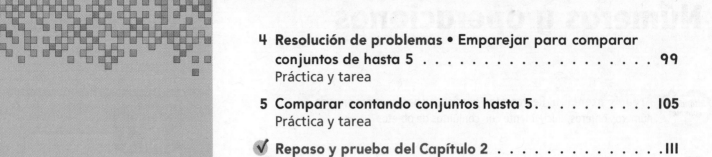

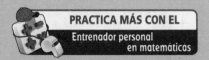
Práctica y tarea

Repaso de la lección
y Repaso en espiral
en cada lección

Comparar números hasta el 5

Aprendo más con
Jorge el Curioso

Las mariposas tienen papilas gustativas en las patas. ¡Se paran en la comida para saborearla!

• ¿En esta foto hay más mariposas o más flores?

Nombre _____

 **Muestra lo que sabes**

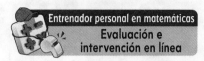
Entrenador personal en matemáticas
Evaluación e
intervención en línea

Correspondencia uno a uno

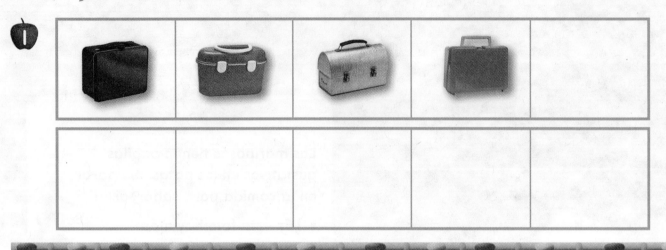

Representa números del 0 al 5

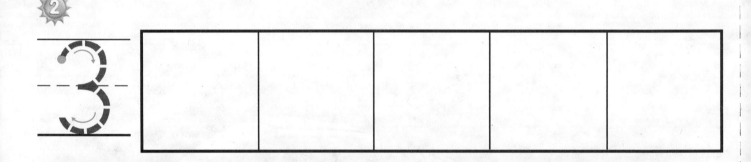

Escribe números del 0 al 5

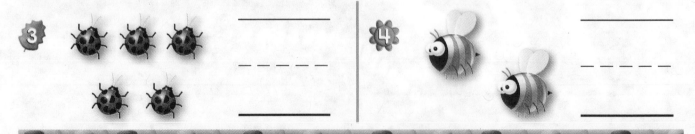

Esta página es para comprobar si los niños comprenden las destrezas importantes que se necesitan para tener éxito con el Capítulo 2.

INSTRUCCIONES 1. Dibuja una manzana para cada fiambrera. 2. Pon fichas en el cuadro de cinco para representar el número. Dibuja las fichas. Traza el número. 3–4. Cuenta y di cuántas hay. Escribe el número.

© Houghton Mifflin Harcourt Publishing Company

Nombre _____

Desarrollo del vocabulario

cuatro

tres

tres

uno

dos

cinco

INSTRUCCIONES Encierra en un círculo los conjuntos que tienen el mismo número de animales. Cuenta y di cuántos árboles hay. Dibuja una línea bajo la palabra que dice el número de árboles.

- Libro interactivo del estudiante
- Glosario multimedia

Juego

Cuenta regresiva

Jugador 1

5	4	3	2	1	0

Jugador 2

5	4	3	2	1	0

INSTRUCCIONES Cada jugador lanza el cubo numerado y busca el número que sale en el tablero. El jugador cubre el número con una ficha. Los jugadores se turnan para hacer lo mismo hasta que cubran todos los números del tablero. En ese momento estarán listos para despegar.

MATERIALES 6 fichas por jugador, cubo numerado del 0 al 5

Vocabulario del Capítulo 2

comparar

compare

15

el mismo número

same number

36

emparejar

match

37

más

more

49

mayor

greater

57

menor, menos

less

58

menos

fewer

59

uno

one

81

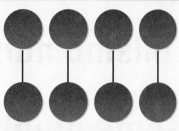

El mismo número de fichas rojas en cada fila

El número de fichas azules se **compara** igualmente al número de fichas rojas.

2 hojas **más**

Cada ficha tiene una **pareja**

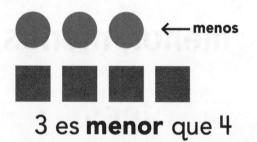

← menos

3 es **menor** que 4

6

9

9 es **mayor** que 6

1

3 aves **menos**

Bingo

Recuadro de palabras
comparar
emparejar
más
mayor que
menor que
menos
el mismo
número
uno

Jugador 1

menos	el mismo número	emparejar	más	mayor que	menor que

Jugador 2

mayor que	más	uno	menos	comparar	el mismo número

INSTRUCCIONES Baraja las Tarjetas de vocabulario y colócalas en una pila. Un jugador toma la tarjeta de arriba y dice lo que sabe de esa palabra. El jugador coloca en el tablero una ficha de esa palabra. Los jugadores se turnan. El primer jugador que cubra todas las palabras de su tablero dice "Bingo".

MATERIALES 2 juegos de Tarjetas de vocabulario, 6 fichas de dos colores para cada jugador

Diario

Escríbelo

INSTRUCCIONES Haz un dibujo para mostrar cómo comparar conjuntos.
Reflexiona Prepárate para hablar de tu dibujo.

Nombre _____

El mismo número

Pregunta esencial ¿Cómo emparejas y cuentas para comparar conjuntos que tienen el mismo número de objetos?

Conteo y números cardinales—
K.CC.C.6 También K.CC.B.4b, K.CC.C.7
PRÁCTICAS MATEMÁTICAS
MP3, MP5

Estándares comunes

Escucha y dibuja En el mundo

Manos a la obra

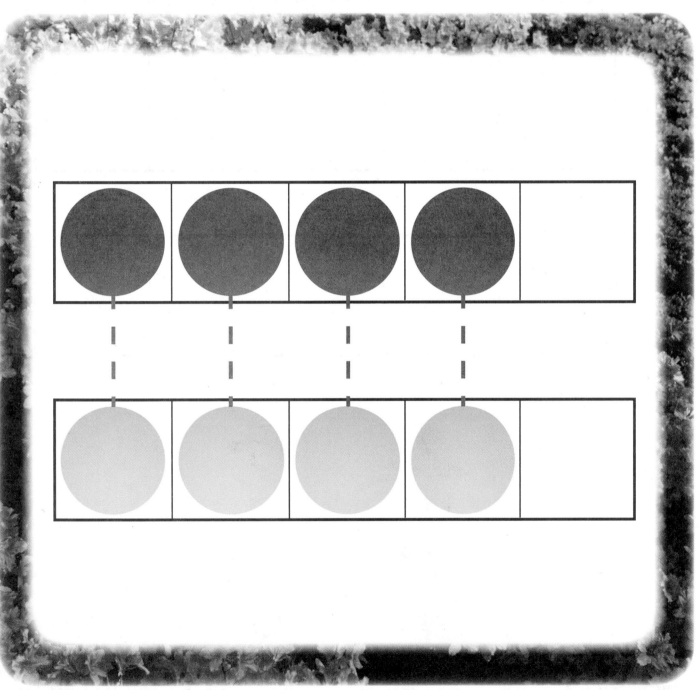

INSTRUCCIONES Pon las fichas como se muestra. Traza las líneas para emparejar cada ficha en el cuadro de cinco de la parte de arriba con una ficha del cuadro de cinco en la parte de abajo. Cuenta cuántas hay en cada conjunto. Cuéntale a un amigo sobre el número de fichas de cada conjunto.

Capítulo 2 • Lección 1

ochenta y uno **81**

© Houghton Mifflin Harcourt Publishing Company • Image Credits: (bg) ©Steffen Hauser/Alamy

Comparte y muestra

1

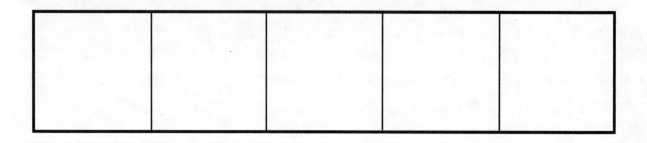

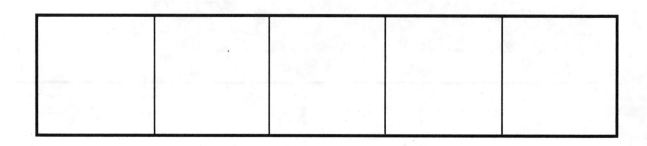

INSTRUCCIONES **1.** Pon una ficha en cada carrito del conjunto a medida que los cuentas. Mueve las fichas al cuadro de cinco que está debajo de los carritos. Dibuja las fichas. Pon una ficha en cada marioneta del conjunto a medida que los cuentas. Mueve las fichas al cuadro de cinco que está arriba de las marionetas. Dibuja esas fichas. ¿Es el número de objetos de uno de los conjuntos mayor, menor o el mismo que el número de objetos del otro conjunto? Dibuja una línea para emparejar cada ficha con otra del otro conjunto.

82 ochenta y dos

Nombre Mateo

5

5

INSTRUCCIONES **2.** Compara los conjuntos de objetos. ¿Es el número de gorras mayor, menor o el mismo que el número de cajitas de jugo? Cuenta cuántas gorras hay. Escribe el número. Cuenta cuántas cajitas de jugo hay. Escribe el número. Cuéntale a un amigo lo que sabes sobre el número de objetos de cada conjunto.

Capítulo 2 • Lección I

ochenta y tres **83**

Resolución de problemas · Aplicaciones En el mundo

ESCRIBE

3

_____

- - - - - - - -

_____

- - - - - - - -

_____

4

INSTRUCCIONES 3. Cuenta cuántos autobuses hay. Escribe el número. Dibuja un conjunto de fichas que tenga el mismo número que los autobuses. Escribe el número. Empareja con líneas los objetos de cada conjunto. **4.** Dibuja dos conjuntos con el mismo número de objetos mostrados de diferentes maneras. Explícale a un amigo tus dibujos.

ACTIVIDAD PARA LA CASA · Muestre a su niño dos conjuntos que tengan el mismo número, hasta cinco objetos. Pídale que identifique si el número de objetos de un conjunto es mayor, menor o el mismo que el número de objetos del otro conjunto.

84 ochenta y cuatro

El mismo número

ESTÁNDAR COMÚN—K.CC.C.6
Comparan números.

_____
- - - - - -
_____

_____
- - - - - -
_____

INSTRUCCIONES **1.** Compara los conjuntos de objetos. ¿Es mayor, menor o igual el número de delfines que el número de tortugas? Cuenta cuántos delfines hay. Escribe el número. Cuenta cuántas tortugas hay. Escribe el número. Explica a un amigo lo que sabes sobre el número de objetos en cada conjunto.

Repaso de la lección (K.CC.C.6)

_____

- - - - - - - - - -

_____

- - - - - - - - - -

_____

Repaso en espiral (K.CC.A.3, K.CC.B.4a)

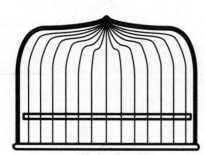

_____

- - - - - - - - - -

_____

 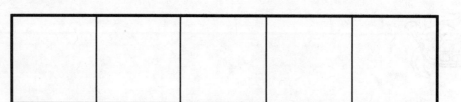

INSTRUCCIONES   I. Cuenta cuántos carros hay. Escribe el número.
Dibuja un conjunto de fichas que tenga el mismo número que el conjunto
de carros. Escribe el número. Dibuja líneas para conectar los objetos de
cada conjunto.   **2.** Cuenta y di cuántos pájaros hay en la jaula. Escribe el
número.   **3.** Traza el número. ¿Cuántas fichas pondrías en el cuadro de
cinco para mostrar el número? Dibuja las fichas.

86 ochenta y seis

PRACTICA MÁS CON EL
Entrenador personal
en matemáticas

Nombre _____

Mayor que

Pregunta esencial ¿Cómo comparas conjuntos cuando el número de objetos de un conjunto es mayor que el número de objetos del otro conjunto?

Estándares comunes **Conteo y números cardinales—**
K.CC.C.6 También K.CC.C.7
PRÁCTICAS MATEMÁTICAS
MP2, MP3, MP5

Escucha y dibuja

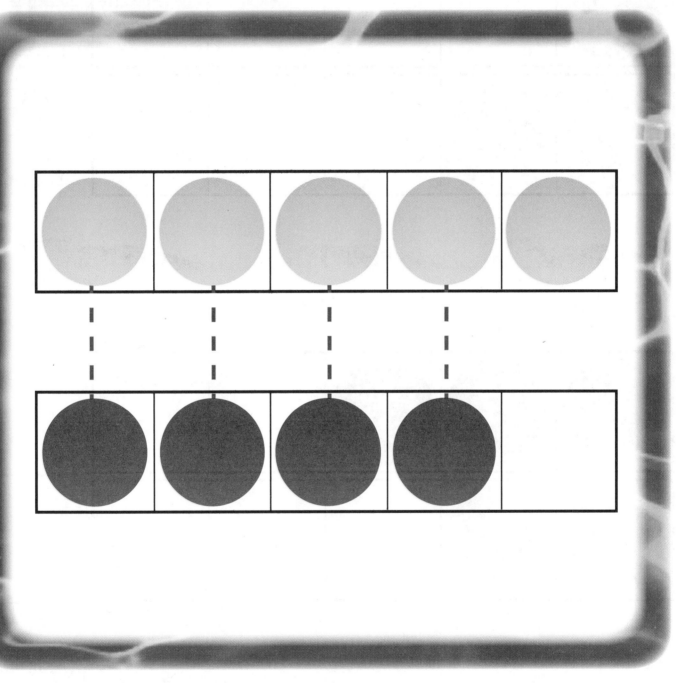

INSTRUCCIONES Pon las fichas como se muestra. Traza las líneas para emparejar cada ficha del cuadro de cinco de arriba con la ficha del cuadro de cinco de abajo. Cuenta cuántas hay en cada conjunto. Dile a un amigo qué conjunto tiene un número de objetos mayor que el otro conjunto.

Capítulo 2 • Lección 2

ochenta y siete **87**

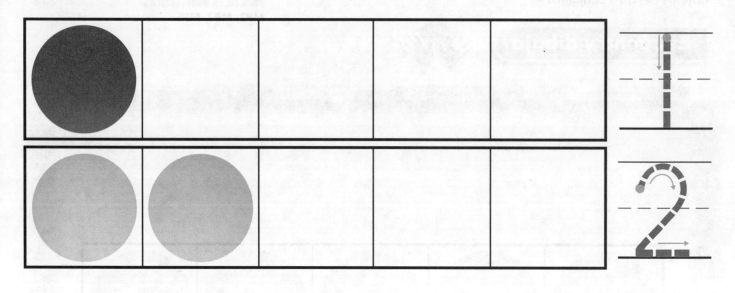

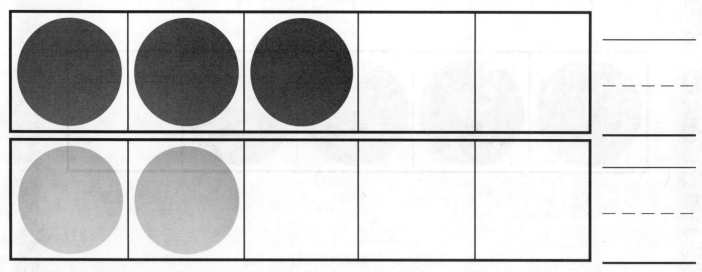

INSTRUCCIONES 1. Pon las fichas como se muestra. Cuenta y di cuántas hay en cada conjunto. Traza los números. Empareja para comparar los conjuntos. Encierra en un círculo el número que sea mayor. **2.** Pon fichas como se muestra. Cuenta y di cuántas hay en cada conjunto. Escribe los números. Empareja para comparar los conjuntos. Encierra en un círculo el número que sea mayor.

3

_____

— — — — —

_____

_____

— — — — —

_____

4

_____

— — — — —

_____

_____

— — — — —

_____

INSTRUCCIONES   3–4. Pon las fichas como se muestra. Cuenta y
di cuántas hay en cada conjunto. Escribe los números. Compara los
números. Encierra en un círculo el número que sea mayor.

Resolución de problemas • Aplicaciones En el mundo

5

INSTRUCCIONES 5. Brianna tiene una bolsa con tres manzanas. Su amigo tiene una bolsa con un conjunto que tiene una manzana más. Dibuja las bolsas. Escribe los números en las bolsas para mostrar cuántas manzanas hay. Cuéntale a un amigo lo que sabes sobre los números.

ACTIVIDAD PARA LA CASA • Muestre a su niño un conjunto de hasta cuatro objetos. Pídale que muestre un conjunto con un número de objetos mayor que su conjunto.

Práctica y tarea
Lección 2.2

Nombre_____

Mayor que

Estándares comunes
ESTÁNDAR COMÚN—K.CC.C.6
Comparan números.

_____

- - - - - - -

_____

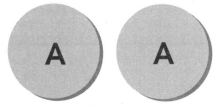

_____

- - - - - - -

_____

INSTRUCCIONES 1–2. Pon las fichas como se muestran. A significa amarillas y
R significa rojas. Cuenta y di cuántas hay en cada conjunto. Escribe los números.
Compara los números. Encierra en un círculo el número mayor.

Capítulo 2

noventa y uno **91**

Repaso de la lección (K.CC.C.6)

1

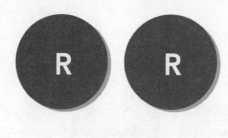

_____   _____

— — — — — — —   — — — — — —

_____   _____

- -

Repaso en espiral (K.CC.B.4a)

2

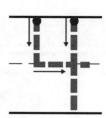

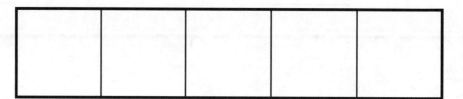

3

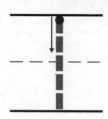

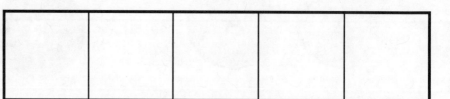

INSTRUCCIONES   1. Pon las fichas como se muestran. A significa amarillas y
R significa rojas. Cuenta y di cuántas hay en cada conjunto. Escribe los números.
Compara los números. Encierra en un círculo el número mayor.   **2–3.** Traza
el número. ¿Cuántas fichas pondrías en el cuadro de cinco para mostrar el
número? Dibuja las fichas.

92 noventa y dos

PRACTICA MÁS CON EL
Entrenador personal
en matemáticas

Nombre _____

Menor que

Pregunta esencial ¿Cómo comparas conjuntos cuando el número de objetos de un conjunto es menor que el número de objetos del otro conjunto?

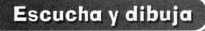

Estándares comunes **Conteo y números cardinales—K.CC.C.6** *También K.CC.C.7*
PRÁCTICAS MATEMÁTICAS
MP2, MP3, MP5

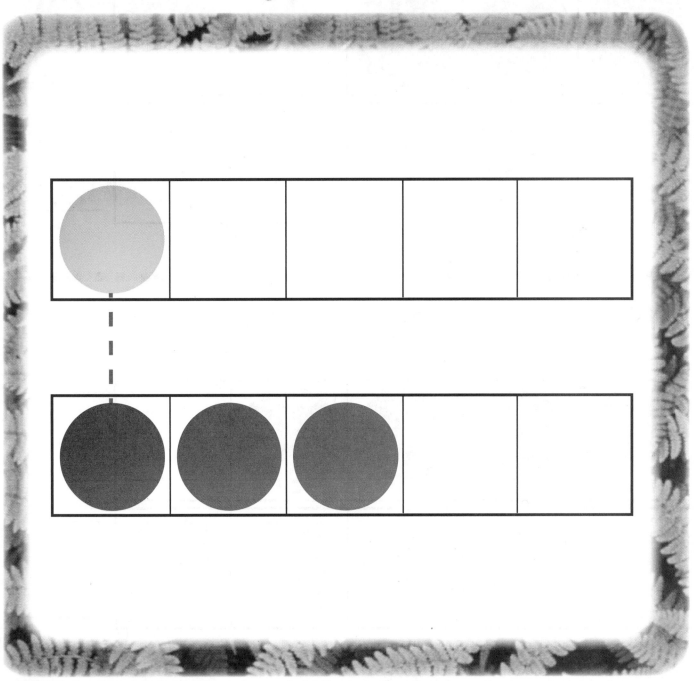

INSTRUCCIONES Pon las fichas como se muestra. Traza la línea para emparejar la ficha del cuadro de cinco de arriba con la ficha del cuadro de cinco de abajo. Cuenta cuántas hay en cada conjunto. Dile a un amigo qué conjunto tiene un número de objetos menor que el otro conjunto.

Capítulo 2 • Lección 3

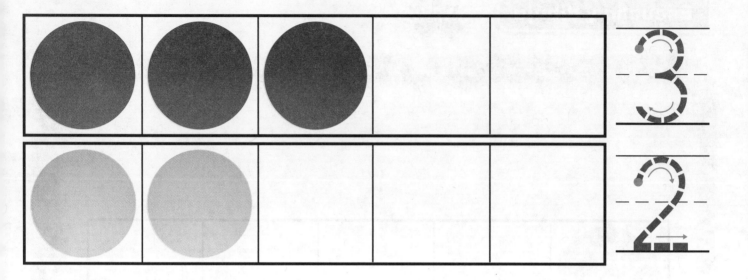

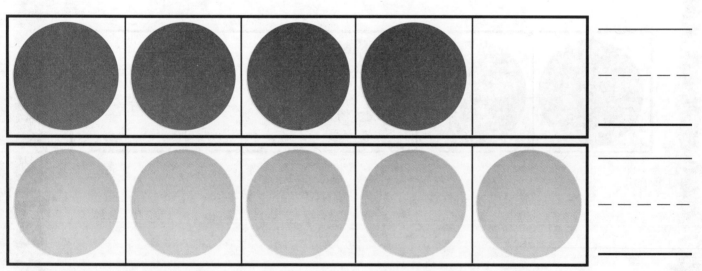

Nombre _____

_____

- - - - -

_____

_____

- - - - -

_____

© Houghton Mifflin Harcourt Publishing Company

INSTRUCCIONES 3–4. Cuenta y di cuántas hay en cada conjunto. Escribe los números. Compara los números. Encierra en un círculo el número que sea menor.

ACTIVIDAD PARA LA CASA • Muestre a su niño un conjunto de dos a cinco objetos. Pídale que muestre un conjunto de objetos que tenga un número menor al de su conjunto.

Capítulo 2 • Lección 3

noventa y cinco **95**

✓ Revisión de la mitad del capítulo

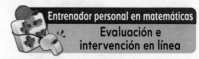
Entrenador personal en matemáticas
Evaluación e intervención en línea

_____

- - - - - - - - - -

_____

- - - - - - - - - -

_____

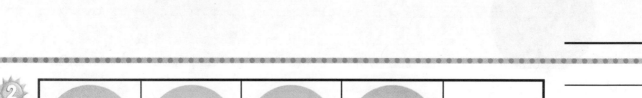

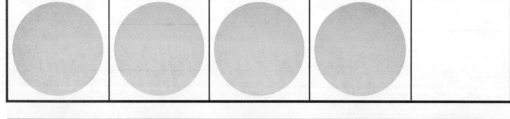

_____

- - - - - - - - - -

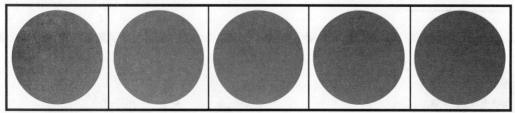

_____

- - - - - - - - - -

PIENSA MÁS

INSTRUCCIONES **1.** Pon una ficha debajo de cada objeto para mostrar el mismo número de objetos. Dibuja y colorea cada ficha. Escribe cuántos objetos hay en cada hilera. (K.CC.C.6) **2.** Pon las fichas como se muestra. Cuenta y di cuántas hay en cada conjunto. Escribe los números. Empareja para comparar los conjuntos. Encierra en un círculo el número que sea mayor. (K.CC.C.6) **3.** Cuenta los peces de la pecera que está al principio de la hilera. Encierra en un círculo la pecera que tenga un número de peces menor que la pecera que está al principio de la hilera. (K.CC.C.6)

Menor que

Estándares comunes **ESTÁNDAR COMÚN—K.CC.C.6**
Comparan números.

_____   _____

- - - - -   - - - - -

_____   _____

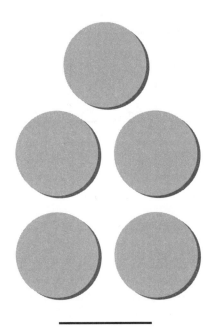 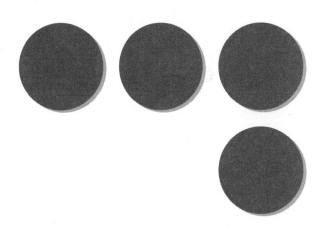

_____   _____

- - - - -   - - - - -

_____   _____

INSTRUCCIONES **1–2.** Cuenta y di cuántos hay en cada conjunto.
Escribe los números. Compara los números. Encierra en un círculo el
número menor.

Capítulo 2

Repaso de la lección (K.CC.C.6)

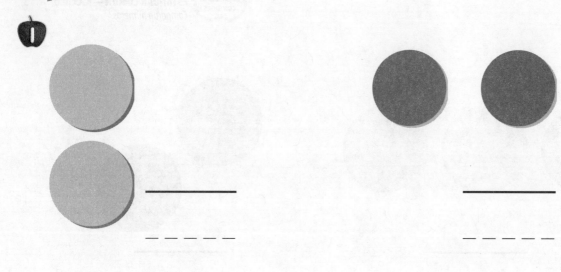

1

_____

- - - - -

_____

_____

- - - - -

Repaso en espiral (K.CC.B.4a, K.CC.B.4b)

2

3

_____

- - - - -

_____

INSTRUCCIONES   I. Cuenta y di cuántas fichas hay en cada conjunto.
Escribe los números. Compara los números. Encierra en un círculo el número
menor.   **2.** Traza el número. ¿Cuántas fichas pondrías en el cuadro de cinco
para mostrar el número? Dibuja las fichas.   **3.** Cuenta cuántos pájaros
hay. Escribe el número.

98 noventa y ocho

PRACTICA MÁS CON EL
Entrenador personal
en matemáticas

Nombre _____

Resolución de problemas • Emparejar para comparar conjuntos de hasta 5

Pregunta esencial ¿Cómo haces un modelo para resolver problemas con la estrategia de emparejar?

Estándares comunes — Conteo y números cardinales—
K.CC.C.6 También K.CC.C.7
PRÁCTICAS MATEMÁTICAS
MP3, MP4, MP5

INSTRUCCIONES Estos son los carritos de Brandon. ¿Cuántos carritos tiene Brandon? Jay tiene un número de carritos menor que el número de carritos de Brandon. Usa cubos para mostrar cuántos carritos podría tener Jay. Dibuja los cubos. Empareja para comparar los conjuntos.

Capítulo 2 • Lección 4

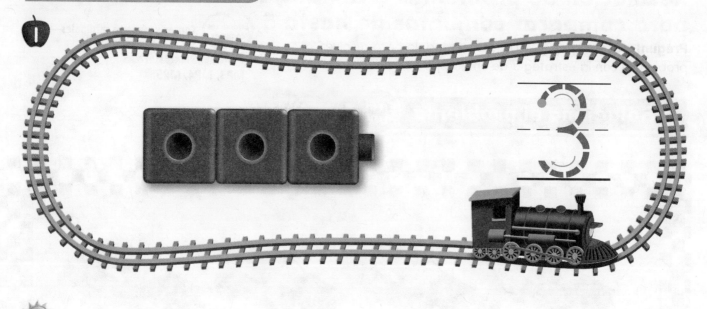

INSTRUCCIONES 1. ¿Cuántos cubos hay? Traza el número. **2–3.** Representa un tren de cubos que tenga un número de cubos mayor que 3. Dibuja el tren de cubos. Escribe cuántos hay. Compara el tren de cubos emparejándolo con los que dibujaste. Cuéntale a un amigo acerca de los trenes de cubos.

100 cien

4

5

_____

- - - - - - -

_____

6

_____

- - - - - - -

_____

INSTRUCCIONES 4. ¿Cuántos cubos hay? Escribe el número. **5–6.** Representa un tren de cubos que tenga un número de cubos menor que 5. Dibuja el tren de cubos. Escribe cuántos hay. Compara el tren de cubos emparejándolo con los que dibujaste. Cuéntale a un amigo acerca de los trenes de cubos.

Por tu cuenta En el mundo

7

ESCRIBE

_____

- - - - - - - - - -

_____

_____

- - - - - - - - - -

_____

8

_____

- - - - - - - - - -

_____

_____

- - - - - - - - - -

_____

INSTRUCCIONES **7.** Kendall tiene un conjunto de tres lápices. Su amigo tiene un conjunto con el mismo número. Dibuja los conjuntos de lápices. Empareja para comparar los conjuntos. Escribe cuántos hay en cada conjunto. **8.** Dibuja lo que sabes de emparejar para comparar dos conjuntos de objetos. Escribe cuántos hay en cada conjunto.

ACTIVIDAD PARA LA CASA • Muestre a su niño dos conjuntos con un número diferente de objetos en cada uno. Pídale que empareje para comparar los conjuntos.

Resolución de problemas •
Emparejar para comparar
conjuntos hasta 5

Estándares comunes
ESTÁNDAR COMÚN—K.CC.C.6
Comparan números.

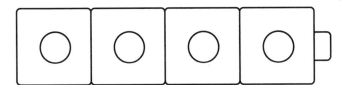

_____

- - - - - - - - - - - - - - -

_____

- - - - - - - - - - - - - - -

_____

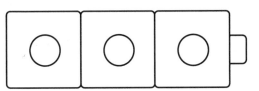

_____

- - - - - - - - - - - - - - -

_____

- - - - - - - - - - - - - - -

_____

INSTRUCCIONES **I.** ¿Cuántos cubos hay? Escribe el número. Haz el modelo de un tren de cubos que tenga un número de cubos mayor que 4. Dibuja el tren de cubos y escribe cuántos hay. Empareja para comparar los trenes de cubos. Explícale a un amigo los trenes de cubos. **2.** ¿Cuántos cubos hay? Escribe el número. Haz el modelo de un tren que tenga un número de cubos menor que 3. Dibuja el tren de cubos y escribe cuántos hay. Empareja para comparar los trenes de cubos. Explícale a un amigo los trenes de cubos.

Repaso de la lección (K.CC.C.6)

 ❶

_____

- - - - - - - - -

_____

- - - - - - - - -

_____

Repaso en espiral (K.CC.B.4a)

 ❷

 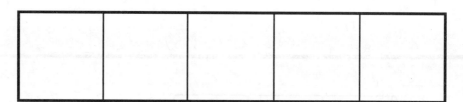

❸

 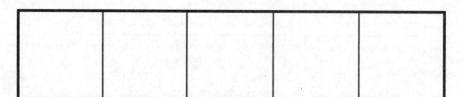

INSTRUCCIONES **1.** ¿Cuántos cubos hay? Escribe el número. Haz el modelo de un tren de cubos que tenga un número de cubos mayor que 3. Dibuja el tren de cubos. Escribe cuántos hay. Empareja para comparar los trenes de cubos. Explícale a un amigo los trenes de cubos. **2–3.** Traza el número. ¿Cuántas fichas pondrías en el cuadro de cinco para mostrar el número? Dibuja las fichas.

PRACTICA MÁS CON EL
Entrenador personal
en matemáticas

Nombre _____

Comparar contando conjuntos hasta 5

Estándares comunes **Conteo y números cardinales— K.CC.C.6** También K.CC.C.7
PRÁCTICAS MATEMÁTICAS
MP2, MP3, MP6

Pregunta esencial ¿Cómo usas una estrategia de conteo para comparar conjuntos de objetos?

Escucha y dibuja (En el mundo)

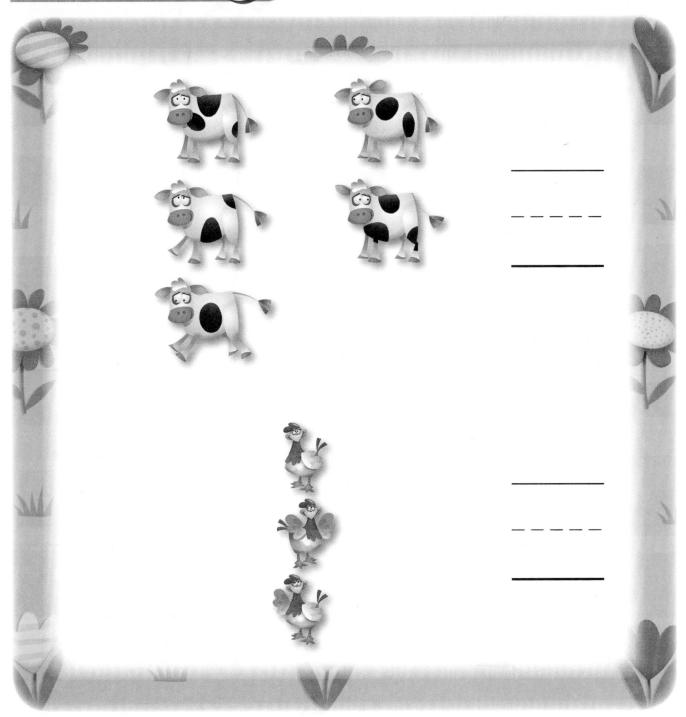

INSTRUCCIONES Observa los conjuntos de objetos. Cuenta cuántos objetos hay en cada conjunto. Escribe los números. Compara los números y dile a un amigo qué número es mayor y qué número es menor.

Capítulo 2 • Lección 5

ciento cinco **105**

Comparte y muestra

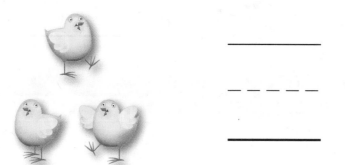

INSTRUCCIONES   I–3. Cuenta cuántos objetos hay en cada conjunto. Escribe los números. Compara los números. Encierra en un círculo el número que es mayor.

Nombre _____

 _____  _____

 _____  _____

INSTRUCCIONES 4–6. Cuenta cuántos objetos hay en cada conjunto. Escribe los números. Compara los números. Encierra en un círculo el número que es menor.

Resolución de problemas · Aplicaciones En el mundo

7

ESCRIBE

_____

- - - - - -

_____

_____

- - - - - -

_____

 8

_____

- - - - - -

_____

_____

- - - - - -

_____

INSTRUCCIONES **7.** Tony tiene ranas de peluche.
Su amiga tiene pavos de peluche. Cuenta cuántos objetos
hay en cada conjunto. Escribe los números. Compara
los números. Cuéntale a un amigo lo que sabes sobre los
conjuntos. **8.** Dibuja para mostrar lo que sabes sobre
contar para comparar dos conjuntos de objetos. Escribe
cuántos hay en cada conjunto.

ACTIVIDAD PARA LA CASA ·
Dibuje una ficha de dominó con uno,
dos o tres puntos en un extremo.
Pida a su niño que dibuje en el otro
extremo un conjunto de puntos mayor
que el conjunto que usted dibujó.

Comparar contando conjuntos de hasta 5

Estándares comunes **ESTÁNDAR COMÚN—K.CC.C.6**
Comparan números.

1

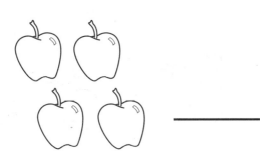  

_____

- - - - -

_____

2

_____

- - - - -

_____

3

_____

- - - - -

_____

INSTRUCCIONES 1–2. Cuenta cuántos objetos hay en cada conjunto. Escribe los números. Compara los números. Encierra en un círculo el número mayor. **3.** Cuenta cuántos objetos hay en cada conjunto. Escribe los números. Compara los números. Encierra en un círculo el número menor.

_____

- - - - -

_____

_____

- - - - -

_____

Repaso en espiral (K.CC.A.3, K.CC.B.4c)

_____

- - - - -

_____

$$1, 2, \_\_\_, 4, 5$$

INSTRUCCIONES   1. Cuenta cuántos objetos hay en cada conjunto. Escribe los números. Compara los números. Encierra en un círculo el número menor.   **2.** Cuenta y di cuántos gatos hay. Escribe el número.   **3.** Escribe los números en orden.

PRACTICA MÁS CON EL
Entrenador personal
en matemáticas

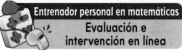

✓ Repaso y prueba del Capítulo 2

_____

— — — — — — —

_____

_____

— — — — — — —

_____

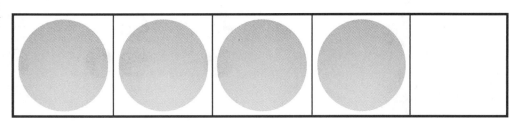

_____

— — — — — — —

_____

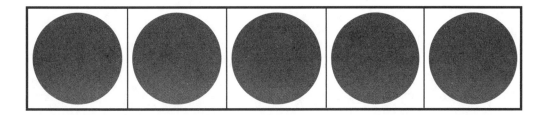

_____

— — — — — — —

_____

INSTRUCCIONES 1. Dibuja una ficha debajo de cada marioneta para mostrar el mismo número de fichas que de marionetas. Escribe cuántas marionetas hay. Escribe cuántas fichas hay. **2.** ¿Cuántas fichas hay en cada hilera? Escribe los números. Empareja para comparar los conjuntos. Encierra en un círculo el número que es mayor.

Opciones de evaluación
Prueba del capítulo

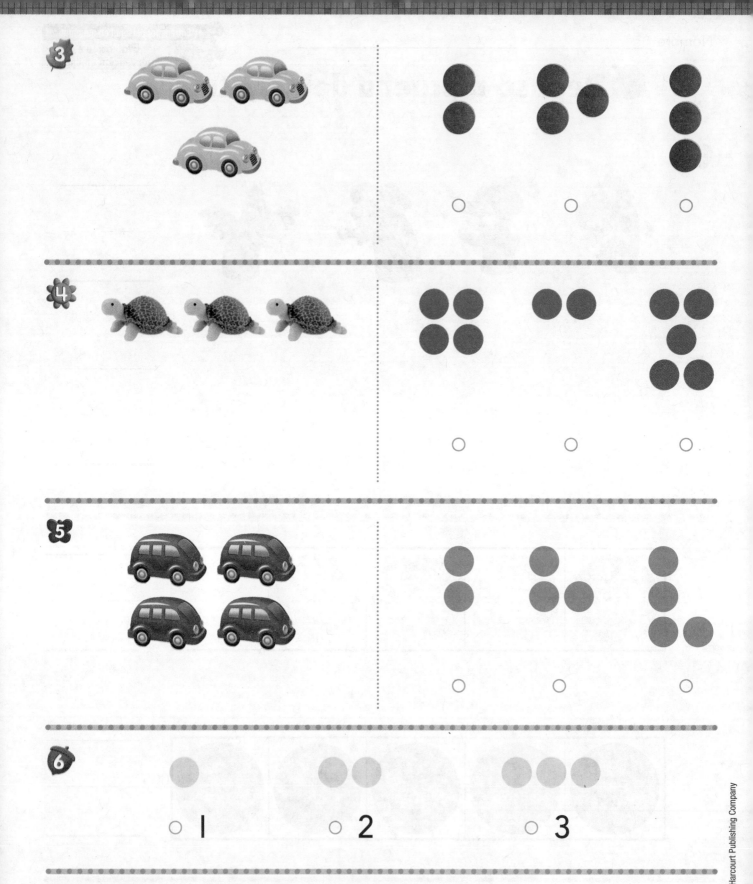

INSTRUCCIONES 3. Marca todos los conjuntos que tengan el mismo número de fichas que de carritos. 4. Marca todos los conjuntos que tengan un número de fichas mayor que el número de tortugas. 5. Marca todos los conjuntos que tengan un número de fichas menor que el número de camionetas. 6. Marca todos los números que sean menores que 3.

112 ciento doce

Nombre _____

_____

- - - - - - - - -

_____

_____

- - - - - - - - -

_____

Entrenador personal en matemáticas

8 PIENSA MÁS +

_____

- - - - - - - - -

_____

_____

- - - - - - - - -

_____

INSTRUCCIONES **7.** María tiene estas manzanas. Dibuja un conjunto de naranjas debajo de las manzanas que tenga el mismo número. Empareja para comparar los conjuntos. Escribe cuántas frutas hay en cada conjunto. **8.** Amy tiene dos crayones. Dibuja los crayones de Amy. Brad tiene 1 crayón más que Amy. ¿Cuántos crayones tiene Brad? Dibuja los crayones de Brad. Escribe cuántos crayones hay en cada conjunto.

9 **PIENSA MÁS ➕**

● el mismo
número

● mayor que

● menor que

 10

_____
_ _ _ _ _
_____

_____
_ _ _ _ _
_____

INSTRUCCIONES 9. Compara el número de fichas rojas en cada conjunto con el número de fichas azules. Dibuja una línea desde cada conjunto de fichas rojas hasta las palabras que muestren *el mismo número*, *mayor que* o *menor que*. **10.** Dibuja cuatro fichas. Luego, dibuja un conjunto que tenga un número mayor de fichas. ¿Cuántas fichas hay en cada conjunto? Escribe los números. Colorea de verde el conjunto que tenga el número mayor de fichas. Colorea de azul el conjunto que tenga un número menor de fichas que el conjunto verde.

114 ciento catorce